국제PEN한국본부
창립70주년기념 시인선
14

Poiesis
포이에시스

윤만근 시집

International PEN-Korea Center **pen**

국제 PEN 헌장

국제PEN은 국제PEN대회 결의에 따라 다음과 같이 헌장을 선포한다.

1. 문학은 각 민족과 국가 단위로 이루어지나, 그 자체는 국경을 초월하여 그 어떤 상황 변화 속에서도 국가 간의 상호 교류를 유지해야 한다.

2. 예술 작품은 인간의 보편성에 바탕을 두고 길이 전승되는 재산이므로 국가적 또는 정치적 권력으로부터 간섭을 받아서는 안 된다.

3. 국제PEN은 인류 공영을 위해 최대한의 영향력을 발휘해야 하며 종족, 계급 그리고 민족 간의 갈등을 타파하는 동시에 전 세계 인류가 평화롭게 살아갈 수 있다는 이상을 실현하기 위하여 최선을 다해야 한다.

4. 국제PEN은 한 국가 안에서나 또는 세계 여러 나라에서 사상의 교류가 상호 방해 받지 않는다는 원칙을 준수하며, PEN 회원들은 각자 국가나 지역사회에서 어떤 형태로든 표현의 자유를 억압하는 데 반대할 것을 선언한다. 또한, PEN은 출판 및 언론의 자유를 주창하며 평화시의 부당한 검열을 거부한다. 아울러 PEN은 정치와 경제의 올바른 질서를 지향하기 위해 정부, 행정기관, 제도권에 대한 자유로운 비판이 필수적이고 긴요하다는 사실을 확신한다. 이와 함께 PEN 회원들은 출판 및 언론 자유의 오용을 배격하며, 특정 정치 세력이나 개인의 부당한 목적을 위해 사실을 왜곡하는 언론 자유의 해악을 경계한다.

이러한 목적에 동의하는 모든 자격 있는 작가들, 편집자들, 번역가들은 그들의 국적, 언어, 종족, 피부 색깔 또는 종교에 관계없이 어느 누구라도 PEN 회원이 될 수 있다.

(사)국제 PEN 한국본부 연혁

　국제PEN본부는 1921년에 창립되어 2023년 3월까지 145개국 154개 센터가 회원으로 가입돼 있는 세계적인 문학단체이다. 국제PEN본부는 영국 런던에 본부를 두고 있으며 특히 UN 인권위원회와 유네스코 자문기구로 현재 전 세계 문인, 번역가, 편집인, 언론인들의 표현의 자유를 옹호하고 인권 문제를 다루고 있는 단체이다.

　한국PEN은 1954년 9월 15일 변영로·주요섭·모윤숙·이헌구·김광섭·이무영·백철 선생 등이 발기하여 같은 해 10월 23일 당시 서울 소공동 소재 서울대학교 치과대학 강당에서 창립총회를 열고 국제펜클럽한국본부로 공식 출범하였다. 국제펜클럽한국본부는 그 이듬해인 1955년 6월 비엔나에서 열린 제27차 세계대회에서 정식회원국으로 가입하고 그해 7월에 인준을 받아 오늘에 이르렀으며 2024년 2월 현재 회원 수는 4,000여 명이다.

　(사)국제PEN한국본부(International PEN Korea Center)는 역사와 권위를 자랑하는 국제적 문학단체로서 회원들의 양심과 소신에 따른 저항권과 표현의 자유를 옹호하고 구속 작가들의 인권문제를 다루며 한국의 우수 문학작품을 번역,

세계 각국에 널리 알리고 우리 민족의 고유문화와 전통문화 등을 해외에 소개하는 한편 세계 각국과 문화 교류 및 친선을 도모하는 데 주도적 역할을 담당하고 있다.

1954. 10. 23.	국제펜클럽한국본부 창립
1955.	제27차 국제PEN비엔나대회에서 회원국 가입
	『The Korean PEN』영문판 및 불어판 창간
1958.	국내 최초 번역문학상 제정
1964.	PEN 아시아 작가기금 지급(1970년 제6차까지)
1970.	제37차 국제PEN서울대회 개최(60개국 참가)
1975.	『PEN뉴스』창간. 이후 『PEN문학』으로 제호 변경
1978.	한국PEN문학상 제정
1988.	제52차 국제PEN서울대회 개최
1994.	제1회 국제문학심포지엄 개최
1996.	영문계간지 『KOREAN LITERATURE TODAY』창간
2001.	전국 각 시도 및 미주 등에 지역위원회 설치
2012. 9.	제78차 국제PEN경주대회 개최
2015. 9.	제1회 세계한글작가대회 개최
2016. 9.	제2회 세계한글작가대회 개최
2017. 9.	제3회 세계한글작가대회 개최
2018. 11. 6~9.	제4회 세계한글작가대회 개최
2018. 8. 22.	정관개정에 의해 국제PEN한국본부로 개명
2019. 2.	PEN번역원 창립
2019. 11. 12~15.	제5회 세계한글작가대회 개최
2020. 10. 20~22.	제6회 세계한글작가대회 개최
2021. 11. 2.~4.	제7회 세계한글작가대회 개최
2022. 11. 1.~4.	제8회 세계한글작가대회 개최
2023. 11. 14.~17.	제9회 세계한글작가대회 개최

국제 PEN 한국본부 창립 70주년
기념 선집을 발간하며

　국제PEN한국본부는 1954년에 창립되고 이듬해인 1955년 6월 오스트리아의 빈에서 열린 제27차 국제PEN세계대회에서 회원국으로 가입되었다. 초대 이사장은 변영로 선생이 맡고 창립을 주선했던 모윤숙 시인이 부이사장을 맡았다. 이하윤, 김광섭, 피천득, 이헌구 등과 함께 창립의 중심 역할을 했던 주요섭이 사무국장을 맡았다.

　6·25한국전쟁이 휴전된 지 겨우 1년이 되는 시점에 이루어 낸 국제PEN한국본부의 창립은 매우 깊은 의미를 담는 거사였다. 그동안 국제PEN한국본부는 세 차례의 국제PEN대회와 9회의 세계한글작가대회를 개최하며 수많은 국내외 행사를 주최해 왔다. 이에 올해 2024년에는 창립 70주년을 맞이하게 되어 그 기념사업의 일환으로 PEN 회원들의 작품 선집을 발간하기로 하였다.

　여러 가지 기념사업을 진행하지만 회원들의 주옥같은 작품집을 선집으로 집대성하여 남기는 일은 가장 중요하고 의미 있는 일이라 생각한다.

    시와 산문으로 구성되는 선집은 우리 한국문학사의 중요한 족적을 남기는 귀중한 역사 자료로서의 가치를 갖게 되리라고 믿으며 겸허한 마음으로 70주년을 자축하는 주요 사업으로 진행하게 된다.

    참여해 주신 회원들께 감사하며 어려운 여건 속에서도 기꺼이 출판을 맡아 준 기획출판 오름의 김태웅 대표와 도서출판 교음사의 강병욱 대표에게 심심한 감사를 드린다.

2024년 7월

국제PEN한국본부 이사장 김용재

추천사 　김종대 (시인, 문학평론가)

『포이에시스』 - 윤만근 시인

아리스토텔레스는 일찍이 포이에시스(poiesis) 시학에서 대상을 있는 그대로 모방하는 것이 아니라 작가가 참되다고 느낀 세계를 표출하는 활동을 정의한다고 하였다.

화자의 숨결에는 신선하고 정겨운 향기가 남아 있다.

그의 작품이 서정적 감흥과 함께 생동감이 넘치는 것은 다양한 상념과 다층적 시선으로 시적 자아를 찾는 모티브가 담겨 있기 때문이다.

참신한 소재와 선명한 이미지, 시적 어휘와 철학적 사유로 자연의 오묘한 섭리에 대한 깨달음과 묘사가 화자의 가슴을 관통하면서 명징하게 안압되어 진다.

그의 시에는 아름다운 추억을 되살려내는 살가운 이야기가 있고, 혹독하게 견디어 온 생활인의 애환이 있고, 누이와의 아름다운 사랑 등 젊은 날의 일상이 나타나 있다. 그 처절한 삶은 생생한 경험으로 시의 재료가 되어 살아난다.

그래서 팔순이 되어 '나는 시인인가?'라고 자문한다. '시는 체험'이라는 릴케의 정의를 확인하며 평생 열 줄이라도 좋은 시를 남기겠다는 다짐이다.

시의 곳곳에 설의법적인 기교가 자주 나타나는 이유다.

다산 정약용의 '늙음의 미학'에 비추어 윤만근 시인의 삶을 엿볼 수 있는 구절은 많다.

'짧은 여생/ 삶의 여백에 나는 무얼 그려야 할까'라며 시인으로서의 사명감을 다짐하면서 '늦가을 속으로/ 갈대가 되어 홀로 걷는' 철학자와 같은 명상과 사유의 모습을 제시한다. 그러면서 '내 나이는 백발로/ 물들어 아름답다'고 자평한다.

노년을 문화인으로 산 윤만근 시인의 삶이 아름답게 보이는 까닭이나. 굳이 생활인으로서의 삶을 들추어내지 않아도 노년의 충실한 삶이 드러나 있어 훈훈하다.

그래서 팔순이 지나도록 홀로 걸으며 시적 삶의 매듭을 맺은 『포이에시스』라서 더 의미가 있고 고귀하다.

요즈음 같은 세상에 어떻게 사는 것이 중요한가를 깨닫게 하는 시집이라 독자 여러분의 일독을 권한다.

해설　　　마경덕 (시인)

자연 친화적 정서를 승화한 문학세계
— 윤만근 시집 『포이에시스』 해설

　　윤만근 시인. 수필가는 맑고 청아한 의식 속에서 각성되고 깊이 있는 사유(思惟)를 통해 인간애를 탐색하는 순정적 이미지를 발현(發現)해 내고 있다.

　　그의 일상의 삶 속에서 존재하는 일들을 소박하고 꾸밈없이 표현하는가 하면 사람 냄새 절실한 목소리를 들을 수 있고 지성에만 사로잡힌 시(詩)가 제시하는 공허함과 건조한 언어들을 투영한 시혼으로 승화시키고 있다.

　　화자는 시(詩)를 통해 세상의 모든 것들과 조우하면서 심연에 담겨있는 진리를 찾아 고결한 마음을 섬세한 필치로 묘사해 내고 있다. 뿐만 아니라 자연에 대한 진지한 사유로 소박한 내면의 서정성을 흡입시키고 있다.

　　어느 한의사는 비옥한 로키산맥에 가서 '인삼'을 기르면 '무'만큼 커지지만 약효도 '무' 정도밖에 안 된다고 하였다. 약효는 "성장이 아닌 성숙"에서 나온다는 것이다. 비료를 먹고 재배되는 인삼은 해마다 평균 25g씩, 산삼은 매년 1g씩 무게가 는다고 한다. 같은 종이라도 생육속도가 확연히 다르다. 하늘을 얻기 위해 포기하고 남은 최소한의 것들로 새들이 날개를 짓듯이 거름과 일조량이 부족한 곳에서 살기 위해 몸집을 줄인 산삼은 얼마나 많은 고통을 약효로 바꾼 것일까.

이처럼 시의 무게도 "성장이 아닌 성숙"에서 나온다. 시 쓰기에서 차곡차곡 쌓인 체험은 글쓰기의 자양분이 되고 '미립'이 트이면 사유의 함량을 늘릴 수 있을 것이다.

사회적 환경에 의해 영향을 받는 인간은 어떤 특정한 장소나 제한된 반경에서 행동은 규정되고 생각도 고정된다. 자신이 속한 집단의 패턴에 익숙해지며 각자의 견해는 사회적 구조에 길들여지는 것이다. 고정된 틀을 깨뜨리는 문학은 추상적이고 관념적인 이미지를 구체화시켜 인간의 내면과 사상을 표현한다. 1차원적인 단편적인 생각에서 벗어나기 위해 시인은 '사유'의 힘을 빌려 시를 쓴다.

'사유'의 힘은 어디에서 올까. '사유'의 힘을 강화하는 것 중에서 글 쓰기를 빼놓을 수 없다. 익숙한 습관에서 탈출하는 것, 사소한 것에서 찾아내는 진정한 행복, 옳았다고 생각한 것이 그르다는 것을 깨닫게 되는 힘은 사색(思索)의 힘이다. 낯선 것을 발견하는 시 쓰기는 이처럼 '사색'이 없이는 불가능할 것이다.

시를 따라가면 시인이 걸어온 "삶의 궤적"이 보인다. 윤만근 시인이 살아낸 삶의 행적이 고스란히 녹아있는 "감성적인 언어"들은 팔순이라는 나이를 가늠하기 어렵다. 시인이 기록해

온 일련의 풍경에서 한 개인의 시선과 마주치는 일은 흥미 있는 일일 것이다.

  노시인에게 "시라는 존재"는 과연 무엇일까. 자신에게 허용된 시의 깊이, 사유의 범주, 명료하지 않은 시의 존재를 따라 외길을 걸어온 아득한 길, 시가 현실에 개입하는 마지막 순간까지 기다려야 하는 시에 대한 갈망, 삶의 골조가 되어준 소소한 일상들, 여러 층의 시간을 관통한 기억의 총량, 체험한 일상의 계기들이 시의 소재로 사용되고 있다. 은폐된 기억도 유사한 일을 만나 "환기되며 재생되듯이" 윤만근 시인은 "삶의 여정"을 통해 자신의 존재의미를 확인하며 욕심 없이 자연과 더불어 "살아가는 방식"을 통해 시를 찾아내고 있다.

  '질문'을 던질 줄 아는 사람이 세상을 변화시킨다고 한다. 화자인 시인은 "나는 시인인가"라고 자문하고 있다. 그동안 "시다운 시를 써 보았는가" 라는 스스로에게 보내는 질문으로 자신을 자책하고 있다.

  릴케는 "쓰지 않고는 죽어도 못 배길 속마음이 우러나올 때 비로소 시인이 될 수 있다" 하였으니 감정이 아닌 "성숙된 체험"에서 좋은 시가 나온다는 것을 알 수 있다. 가능하다면 늙을 때까지 평생을 걸쳐 경험을 쌓고 기다려주어야만 열 줄 정도의 좋은 시를 쓸 수 있을지도 모른다고 한다. 그것도 '가능하다'는 가정(假定) 아래서만 가능한 일이다. 좋은 시를 쓰기 위해서는 많은 경험과 함께 기다림도 필요하다는 것을 알 수가 있다. 독일 철학자 가다머는 "경험은 경험하는 인간에게 문제를 일으켜 그를 변화시킨다"는 것에 집중하였다. 즉 어떤 실제적 경험을 가진 사람은 그 이전의 그와는 다르게 변화시켜, 어떤 다른 방식으로 삶을 살아가게 된다는 것이다.

몸소 힘든 등정에 도전한 윤만근 시인은 칠순이 넘어 아프리카의 킬리만자로 정상(5,895m)과 희수의 나이에 그 겨울 히말라야의 찬바람과 맞서며 네팔 에베레스트 베이스 캠프와 칼라파타르(5,550m)를 올랐다고 한다. 적잖은 나이에 아무나 오를 수 없는 산행이다.

과감하게 고산 등반에 도전장을 내민 시인은 무사히 등정을 마쳤지만 체험을 통해 시의 길이 그보다 더 벅차고 힘든 실임을 깨닫는다. 험한 에움길 걸어온 팔순의 시인은 언어의 유희가 아닌 진실한 목숨 한 줄이 담긴 시를 원하고 있다. 아직 좋은 시를 만나지 못한 이유를 변명으로 대신하고 있지만 그 변명 안에는 자신에게 묻는 '질문'이 있고 염원과 진심이 담겨있음을 알 수가 있다. 시에 대한 간절함을 보여주는 「Apologia」는 열정만으로도 해결할 수 없는 일이 시 쓰기이지만 끝내 "목숨 한 줄"이 담긴 좋은 시를 포기할 수 없다는 의지를 표명하고 있다.

시인의 말

Apologia 변명

나는 시인인가?
독일의 시인 릴케는
"쓰지 않고는 죽어도 못 배길
속마음이 우러나올 때
비로소 시인이 될 수 있다" 하였는데
내 자신을 돌아보며
나는 시인인가?
물음표를 던진다

릴케는 또 말한다
"젊었을 때에는 시 같은 것은 써봤자 소용이 없다
사실은 기다려야 한다
한평생
가능하면 늙을 때까지
평생에 걸쳐서 의미와 달콤함을 모아야 한다
그렇게 한 뒤에야
열 줄 정도의 좋은 시를 쓸 수 있을지도 모른다
시는 감정이 아니라 체험이다"

팔순이 되어
인생길 뒤돌아보니
험한 에움길 많이도 걸어왔다

내 나이 칠순에 산악인 엄홍길과 함께 텐트를 치며
아프리카의 킬리만자로 정상(5,895m) 등반
그리고 희수의 나이에 그 겨울 히말라야의 찬바람과 맞서며
홀로 네팔 에베레스트 베이스 캠프와 칼라파타르(5,550m)를
힘들게 올랐던
길보다 시의 길은 나에게 너무나 벅차고 힘든 길이다.
그러나 못에 빠져 지푸라기 잡으려는 심정으로 시의 길을 걷고
또 걷는다

내 여생의 삶에서 목숨 한줄이 담겨있는 열줄 정도의 좋은 시를
쓸 수 있을는지 모른다는 작은 불씨를 간직하고 싶다.

그리하여 나의 글이 언어의 유희가 아닌
진실의 마음이 담기기를……

2024년 2월

牛亭 尹 晩 根

차례

국제PEN헌장

(사)국제PEN한국본부 연혁

국제PEN한국본부 창립 70주년 기념 선집 발간사

008 _ 추천사 / 김종대
010 _ 해설 / 마경덕

014 _ 시인의 말 / Apologia 변명

1부 _ 지나온 세월

*마경덕 시인의 해설과 함께 감상하는
윤만근 시인의 시*

024 _ 연못
026 _ 나무 밑둥
028 _ 모래성
030 _ 메밀묵
034 _ 낙엽
038 _ 지나온 세월

2부 _ 골목길 풍경

이기태 선생의 번역과 함께 감상하는
윤만근 시인의 시

044 _ 골목길 풍경
046 _ The Scenery of the Alley
048 _ 할머니와 손수레
050 _ The Old Woman and the Handcart
052 _ 만추晩秋
054 _ Autumn Is Leaving
056 _ 우정
058 _ My Dear Friend!
060 _ 마당에서
062 _ At the Yard
064 _ 사랑 愛
065 _ I Love You

3부 _ 내 가슴 깊은 곳의 그리움
*晶山 윤애근 작가의 그림과 함께 감상하는
윤만근 시인의 시*

068 _ 팔순

070 _ 어느새

072 _ 빈 지게

074 _ 삶

076 _ 황혼 즈음에

078 _ 이파리

080 _ 4월

082 _ 둥지

083 _ 세월의 강물

084 _ 바람

086 _ 인생

088 _ 삶의 무게

090 _ 학림다방

092 _ 소쩍새

094 _ 시詩의 길

096 _ 가나다라
098 _ 저녁놀
100 _ 사랑은 밤비처럼
102 _ 홍매화
103 _ 길
104 _ 뿌리가 꽃에게
108 _ 코로나 팬데믹 corona pandemic
110 _ 설레임
112 _ 아지랑이
114 _ 봄의 입맞춤
115 _ 봄 풍경
116 _ 오메
118 _ 단풍잎
119 _ 은행나무
120 _ 내 가슴 깊은 곳의 그리움

3부 _ 내 가슴 깊은 곳의 그리움

*晶山 윤애근 작가의 그림과 함께 감상하는
윤만근 시인의 시*

122 _ 당신

124 _ 아내

126 _ 아침에

130 _ 눈물

132 _ 임진강변

134 _ 청산도

136 _ 여수 밤바다

138 _ 가파도

140 _ 땅끝마을

142 _ 그린란드 1 - 이비투투의 꽃

144 _ 그린란드 2 - 크바네 피오르드

146 _ 그린란드 3 - 에비해드 피오르 찬가

148 _ 그린란드 4 - 노을

150 _ 킬리만자로

152 _ 에베레스트 가는 길

4부 _ 尹愛根

윤만근 시인의 누님
故 윤애근 교수를 그리워하며

158 _ 가름하는 글 / 윤애근

160 _ 留樂室 / 윤애근

161 _ 白話 / 윤애근

162 _ 愚問乾笑答 / 윤애근

163 _ 時間之流 / 윤애근

164 _ 생의 열락 : 윤애근의 작품세계 / 오광수

169 _ 故 윤애근 교수님
　　　추모 1주기를 맞이하면서 / 허 진

171 _ 정산 윤애근 교수를 추모하며 / 윤만근

1부

지나온 세월

마경덕 시인의 해설과 함께 감상하는
윤만근 시인의 시 **6**편

연못

남한산성 오르는 길
중턱의 조그마한 연못
물속에 어린 올챙이 떼
바글바글

연못 옆 산벚꽃 나무
꽃잎이 하나둘
연못을 덮는다

가뭄이 들어
벚꽃은 짧은 봄을 맞고
올챙이는 물 마른 연못에서
봄을 맞는다.

짧은 여생
삶의 여백에 나는 무얼 그려야 할까

연못 / 해설

봄은 에너지가 분출되는 계절이다. 봄볕은 하루가 다르게 숨겨둔 연둣빛을 일제히 꺼내놓았다. 혹독한 겨울을 무사히 건너온 산벚꽃은 제철에 맞춰 꽃을 피우고 조그마한 연못에도 올챙이가 바글거린다. 지천에 생명이 꿈틀거리는 봄날, 하지만 봄가뭄이 깊어 꽃은 예정보다 일찍 꽃잎을 떨구고 "말라가는 연못"의 올챙이들은 위험한 봄을 맞고 있다. 연못에 기대어 살아가는 산벚나무도 올챙이도 연못이 키우는 식구였다.

올챙이는 무사히 개구리가 될 수 있을까. 올챙이 적부터 여생을 걱정해야 하니 안타깝기만 하다.

우리의 삶도 이와 다르지 않다. 뜻밖에 닥치는 질병과 사고로 허무하게 생을 접어야 하는 청춘들, 억울하게 전쟁에 희생당한 죽음들, 예측하지 못한 천재지변도 곳곳에 도사리고 있다. 이런 불안한 세상에 시가 여생을 짊어질 수 있을 것인가.

어느 수필가는 여생에 대해 "몇 살이 되면 쓰고 남는 시간 '여생'이 될까. 어디쯤에서 잘라서 남아도는 삶 '여생'이라고 이름 지을까. 마음속에 열정을 잃어버리는 날, 편안함을 추구하며 안주하는 날, 아마도 그날부터 여생이 시작될 것 같다. 이러다가 어쩌면 내 생애에 영영 만나지 못할 시간일지도 모르겠다."라고 하였다. 건강하게 끝까지 알뜰하게 주어진 시간을 다 쓰고 가면 여생 따위는 없을 것이다.

오래전에 봄이 다녀가 버린 윤만근 시인의 여생은 아직 분명치가 않다. 봄가뭄에 말라가는 연못처럼 하루하루 줄어드는 그 여백에 무엇을 그려야 할지 시인의 봄은 짧기만 하다. 여백의 끄트머리와 연계된 또 다른 세계는 안개 속에 숨어 소리 없이 다가오는 중이다.

나무 밑둥

산에 오르는 길
아름드리 나무가
뿌리를 드러내고 벌렁 누워 있다

흙을 붙잡고 살아온 나무
온몸을 탑처럼 하늘로 쌓았는데
어쩌다 이리 무너졌을까

마른 흙 매달고 시들어가는 뿌리가
삶의 흔적을 말해준다

지하에서 힘겹게 퍼 올린 물
나무초리까지 나르며
그 얼마나 힘들었을까
가뭄에 더 깊이 뿌리 더듬어
물을 찾아 헤맸을 것인데

기척도 없는 나무
봄이 찾아와 깊은 잠을 흔들고 있다

나무 밑둥 / 해설

　이야기의 시작이 결과를 드러낸 끝이어서, 나무가 살아왔던 일생은 생략되고 '시작과 끝'은 한 지점에서 겹치고 있다. 산에 오르다가 마주친 장소는 한 그루의 나무가 일생을 접어버린 현장이다. 아름드리 나무는 뿌리를 드러내고 바닥에 누워있다. 아름드리가 되기까지 나무가 보낸 시간은 유구하였을 것인데 어찌 허망하게 뿌리가 뽑히고 말았을까. 어떤 이유인지 알 수는 없지만 나무에게는 절체절명의 사건이 다녀갔다. 이미 몸을 관통해 버린 시간은 과거로 사라지고 현재의 고통은 결과로 남았다. 죽음은 지척에 있었다.

　잎을 내밀고 가지를 뻗어 하늘로 키를 들어 올릴 시기에 뿌리를 감싼 흙이 발라 숨소리마서 말라간다. 나무 한 그루의 비참한 풍밀을 통해 우리 또한 현실에서 마주치는 갖가지 사건에 연루된 "불안한 존재"라는 것을 느끼게 된다. 시시각각 에워싸고 끊임없이 공격하는 현대의 질병과 가난, 재앙과 전쟁, 기아와 전염병들, 대립과 불화로 이어지는 사건 사고들이 결코 남의 이야기가 아닐 것이다.

　일생 하늘을 향해 "탑처럼 온몸을 쌓아" 올렸지만 이 세상에 완벽한 것도, 영원한 것도 없다. 가뭄에도 살아남은 나무를 쓰러뜨린 것은 외부로부터 가해진 재난이며 폭력이다. 타인과의 갈등이 고조되고 수위를 넘은 폭력이 사건으로 이어지는 불안한 시대에 우리는 살고 있다. 시인은 일상에서 만난 나무의 죽음을 통해 위험에 노출된 현시대의 갈등과 불행을 구체적으로 증언하고 있다.

모래성

산다는 것은
조금씩 죽어가고 있다는 거지

아무리 움켜쥐어도
이 세상 떠날 때 모두 놓고 가지

해수욕장엔 모래도 많고
인생길 가질 것도 많지

벌거벗은 아이들
모래성을 쌓아도

잔물결에 흔적 없이 쓸려가듯이

인생
바람처럼 왔다
꿈처럼 가지

모래성 / 해설

1연에서 '혼잣말'처럼 내뱉는 말에 쓸쓸한 여운이 감돈다. 현재 이 지점까지 와보지 않고는 알 수가 없는 나이여서 실감이 난다. 누구나 알고 있지만 아무나 쉽게 할 수 없는 말은 '죽음'이다. 그래, 그랬어, 지나고 보니 그렇더라고. 이렇게 단정 지을 수 있는 말은 몸소 겪어본 "체험의 말"이다. 죽을 때면 다 놓고 간다는 것도 알고 있지만 젊을 때는 "죽음이 멀리 느껴져" 그 말을 실감하지 못하고 살아간다.

그러나, 태어날 때부터, 우리의 몸엔 "죽음의 싹"이 움트고 있다. 하루하루 살아갈수록 정해진 수명은 줄어들고 누구나 보이지 않게 "서서히 죽어가는" 것이다. 세포의 개수가 늘어나는 사춘기까지를 성장이라고 본다면 사춘기가 끝나는 20세 이후부터 노화가 시작된다. 생리학적 변화로 인해 인간은 '노쇠'하고 시나브로 '죽음'과 가까워진다.

어린 나이에 왕위에 올라 춘추전국시대의 혼란을 끝내고 중국을 하나의 나라로 통일한 진시황, 그 영화를 놓치기 싫었는지 늙지도 않고 죽지도 않기 위해 불로초를 구하였지만 그는 쉰을 넘기지 못하고 세상을 떠났다. 더 살겠다고 수단 방법을 가리지 않았지만 예정된 죽음은 피해 갈 수 없었다.

삶을 지탱해 주던 건전한 가치들이 무너져버린 "상실의 시대", 일확천금을 노리는 '한탕주의'가 늘어나고 사회의 질서는 혼돈에 빠지고 있다. 가상화폐의 폭락과 전세 사기로 삶의 의욕을 상실한 청춘들이 감당할 수 없는 절망 앞에서 속수무책 무너지고 있다. 갈수록 심각해지는 경기 침체와 청년 실업률 등으로 힘든 시기를 살아가는 사람들에게는 산다는 것은 조금씩 죽어가고 있는 것이다. 아무리 움켜쥐어도 내 것은 어디에도 없다. "모래성을 쌓아놓고" 빈손으로 떠나야 하는 인생은 "바람처럼 왔다가는" 덧없는 것이라고 시인은 결말을 내리고 있다.

메밀묵

겨울밤 자리끼도 얼고
윗목의 걸레도 꽁꽁 얼고
냉기 가신 아랫목
아이들은 이불 속에 발을 묻고 자랐다

잠이 깨면 오빠는
검은 보를 들추고 윗목 콩나물시루에
한 바가지 물을 주고
물만 먹은 콩나물은
노란 머리 내밀고 쑥쑥 자랐다

눈 내리는 날이면
방문을 열고 들어서는

"메밀묵 사려!"
구수한 메밀묵 장수 목소리에
귀 쫑긋거리고 엄마 눈치 살폈지

전차 타고 학교 가는 날
발이 시린 오누이는 길가에서
발을 동동 굴렀지

우리 크면 따뜻한 곳에 가서 살자는
오빠 말에 어린 누이는 까만 눈동자 굴리며
고개를 까딱거렸지

"메밀묵" 소리 사라진 눈 내리는 밤
따뜻한 나라
하와이에 살고 있는 누이를 생각한다

메밀묵 / 해설

6·25전쟁 이후 우리에게는 춥고 배고프던 시절이 있었다. "겨울밤 자리끼도 얼고/윗목의 걸레도 꽁꽁 얼고/냉기 가신 아랫목/아이들은 이불속에 발을 묻고 자랐다"고 한다. 난방이 잘 된 아파트에서 자라 추위를 모르는 요즘 아이들은 상상조차 할 수 없는 일이다.

허술한 창호문 하나를 밀고 들어온 혹독한 추위에 자리끼로 떠놓은 물 한 사발도 꽁꽁 얼어붙었다. 문고리에 쩍쩍 손이 달라붙던 시절, "바늘구멍으로 황소바람 들어온다"는 속담대로 옛날 가옥의 바람벽은 '웃풍'이 심해 방안에서도 코가 시렸다. 오죽하면 겨울밤 "문풍지가 운다"고 했겠는가. 날마다 끼니를 걱정하고 당장 발등에 떨어진 불을 꺼야 했던 궁핍한 시절에도 사람들을 위로해 주던 것이 있었다.

군불 지핀 따끈한 아랫목에 둘러앉은 이야기들, 긴 겨울밤 허기를

달래주던 메밀묵, 화롯불에 묻어둔 달콤한 고구마와 밤, 살얼음이 서걱거리던 동치미 국물, 검은 보자기를 쓴 콩나물시루가 있어 무사히 추운 겨울을 건널 수 있었다. 그때는 가난했지만 콩 한 쪽도 나눠 먹던 시절이었다. 힘든 일도 서로 돕고 나누고 작은 일에도 행복을 느끼던 인정이 넘치던 시절이었다.

어린 누이와 전차를 타고 학교를 다니던 시인의 어린 시설 추위에 발을 동동거리던 고통의 시간은 잊을 수 없는 그리움으로 다가온다. 소환된 그 기억은 그 시간, 그 장소를 그대로 재현한다. 등굣길 발이 시려 동동거리던 남매, 우리 크면 따뜻한 곳에 가서 살자는 오빠 말에 고개를 까딱거리던 어린 누이는 따뜻한 나라 하와이에 살고 있다. "메밀묵" 소리 사라진 눈 내리는 밤, 시인은 흘러간 그리운 시간을 호명하고 있다.

낙엽

갈빛으로 물든 호숫가
붉은 벚나무 이파리 하나 품었네

새봄 여린 잎으로
하늘을 보며 날마다
연두빛으로 키를 늘리고

그 여름 뜨거운 햇빛 속에
목이 마르고
때론 태풍에 흔들리며
바르르 떨었던 시간

이제 계절의 끄트머리에서
붉은 옷으로 바꿔 입고
태어난 땅으로 돌아가누나

내 검은 머리도
흰 서리에 물들어 가듯이
저물어서 아름다운 갈대는
흰빛으로 물결치고

내 나이는 백발로
물들어 아름답다

저물어 뒤늦게 아름다운 것들이여
늦가을 속으로
갈대가 되어 홀로 걷는다

낙엽 / 해설

누구나 시간의 흐름을 따라 조금씩 저물어 간다. 밝은색으로 채색된 젊음은 어느새 회색빛으로 물들어 "완숙의 시기"로 접어들었다. 타인을 경청하며 현실을 인정해야 할 것들이 늘어만 간다. 시인은 이제 한때의 푸른 시간들과 분리됨을 두려워하지 않는다. 저물어 버린 것들에게서 "뒤늦은 아름다움"을 발견한 것이다.

「Apologia(변명)」에서 보여주었던 "늙을 때까지 평생에 걸쳐 경험을 쌓고 기다려주어야만 열 줄 정도의 좋은 시를 쓸 수 있을지도 모른다"는 가능성과 무관하지 않다. 어느 시인이 '폐경'을 '완경'이라고 하였듯이 뒤늦게 찾아오는 것에서 무르익은 맛을 찾아낼 가능성을 믿기 때문이다. 시인은 자연의 변화를 바라보며 점점 변화되어 자신의 모습을 떠올린다. 아름답게 물들어가는 벚나무를 보며 "시작의 정반대"에 서 있는 '저묾'도 나쁘지 않다는 것을 알게 된다. 시인이 믿는 저물어 가는 힘은 "퇴행보다는 변형"에 가깝다. 마무리가 시작되는 지점은 또 다른 시작의 출발선이기에 변형은 또 다른 에너지가 잠재되어 있다. 무엇보다 시인이 의존하는 '시'가 있으니 봄이면 다시 일어서는 자연처럼 미리 절망할 필요는 없을 것이다.

지나온 세월

해방 전에 태어나
갓난아기 때 해방을 맞고
엄마 손 잡고 미동 초등학교 입학한 날
세라복Sailor suit 예쁜 가죽구두 신었지

6·25전쟁, 1·4후퇴 길
꽁꽁얼은 한강
우마차에 탄 우리 오누이
솜이불 덮고
엄마는 얼음길 눈길 걸었지

지나온 세월 돌이켜 보면
엄마에 대한 고마움 미안함에 가슴 저리고
보고 싶은 마음 불러보고 싶은 소리
눈물 되어 가슴 흐른다

험한 세상 거칠었던 풍랑의 세월
견디고 견디어 보니
세상은 여린 풀잎의 풀꽃조차
아름다워라

그린란드 크루즈 선상에서
귀빠진날 맞아
잊고 살던 팔순의 나이 되살려주네

이 아름다운 세상 소풍 마치고
엄마 보러 떠나는 날
평생을 같이한 사랑한 아내
고마웠다고 말하리라

지나온 세월 / 해설

팔순을 맞아 되돌아보는 시인의 연대기는 6·25전쟁과 1·4 후퇴라는 기점을 시작으로 전개된다. 1950년 6월 25일 새벽 북한 공산군이 남북군사분계선 38선 전역에 걸쳐 불법 남침했고 한반도에서의 전쟁이 시작되었다. 1·4 후퇴는 1950년 중국이 본격적으로 6·25 전쟁에 개입하면서 한국군과 유엔군이 38선 이남 지역까지 퇴각한 사건이다. 당시 퇴각하는 한국군과 유엔군을 따라 북한 지역의 주민들도 남한으로 내려오면서 수많은 난민과 이산가족이 발생했는데 흥남에서 배를 타고 내려온 피난민만 해도 10만여 명이라고 한다.

어릴 적의 기억은 "뇌리에 각인되어" 평생 잊을 수 없다. 역사의 소용돌이에 휘말려 피난길에 우마차를 타고 꽁꽁 언 한강을 건너온 윤만근 시인, 우마차를 탄 남매는 솜이불 덮고 엄마는 얼음길 눈길을 걸었다고 한다. 그 엄마는 곁을 떠나고 풍랑의 세월 견디고 견디어 보니 세상의 여린 풀잎 풀꽃조차 아름다워 보인다. 팔순의 생일날 '그린란드 크루즈 선상'에서 잊고 살던 나이를 되찾는다. 평생을 같이한 엄마처럼 고마운 아내가 선물한 여행이었다.

그동안 잊고 살던 나이 속에는 열심히 살아오느라 돌보지 못한 시간들이 쌓여있다. 뒤늦게 느끼는 "여유와 행복"은 아내가 곁에 있어 가능한 일이었을 것이다. "엄마와 아내"를 같은 무게로 동일시 여기는 것은 시인의 의식 속에 잠재된 "희생이라는 의미"가 작용하고 있을 것이다.

"무의식 저편"에 화석처럼 남아있는 감정의 결을 수집하고 활용하는 시인은 퇴적층을 통해 흘러간 시대를 유추하듯, 축적된 경험으로 시를 쓴다. 작가란 자신에게 상처가 된 장면을 형상화 시킨다고 한다. 그것이 곧 상처에서 탈출하는 유일한 출구이기에.

'무의식의 방'을 발견한 프로이트는 인간의 가장 안쪽에 있는 영역에 주목했다. 프로이트는 알 수 없는 잠재된 무의식이 "인간의 생각과 활동"을 지배하게 된다고 보았다. 인간의 의지는 뇌의 명령에 불과하며 그 뇌의 가장 기저에 있는 무의식에 비해 이성적 판단과 사고도 빙산의 일각에 지나지 않는다고 한다.

부시불식간에 현선된 시인의 의식은 "사랑과 희생"이라는 기억에 닿아있어 평생 아내가 엄마처럼 고맙기만 하다. 기억이 어느 곳에서 존재하며 확장되는지, 과거와 미래를 이어주는 거스를 수 없는 파동을 찾아가는 긴 여정이 지면에 선명한 것도 그 때문이다.

자연을 통해 '내면세계'를 서술한 서정성을 띤 시편을 읽어가면 "그동안 세상을 참 잘 살아냈다"는 확신을 안겨주는 윤만근 시인, 현재를 구성하는 요소들이 '식물과의 구체적 관계'를 통해 다양한 관계를 맺을 때 시적 에너지가 발생한다. 여러 층을 관통한 일상의 경험과 사소한 떨림을 "자연의 질서" 안으로 끌어들여 소통하는 윤만근 시인에게 시(詩)는 "푸른 사과"일 것이다. 푸른빛이니 시(詩)를 만날 시간은 넉넉하고 가능성은 넘친다. 문학에 대한 열망은 아직 젊고 푸르다.

2부

골목길 풍경

이기태 선생의 번역과 함께 감상하는
윤만근 시인의 시 **6**편

골목길 풍경

육중한 중장비가 날카로운 송곳니를
벽돌집 폐부 깊숙이 찌르고 흔들어 대고 있다.

봄에는 개나리, 진달래, 영산홍 꽃이 아름답게 피었고
그리고 라일락 향기가 짙었던
조그만 마당을 지닌 아담한 단독주택이
쿵쾅쿵쾅 아픈 비명을 지르며
와르르 땅에 눕는다.

이제 콘크리트로 범벅이 된 5층짜리 다가구 주택이
지어지겠지

이따금 찾아와 지절대던 이름 모를 새들 그리고 참새 떼들은
다 어디로 갈 것인가
이제 새소리 들리고 꽃피는 서울의 봄은 어디에서 찾을까.

서울의 봄, 여름, 가을은
그렇게 아픈 비명을 남기고 스러져간다.

매서운 칼바람과 함께
겨울이 온다.
울면서 겨울이 온다.

The Scenery of the Alley

The sharp canine of the heavy equipment
Pierces deep inside the brick house and
shakes.

A pretty residence with small yard
Where there were flowers
Of the forsythia, azalea
And the smell of lilac was full in spring.
This residence was destroyed and lay on
the ground
screaming the painful bang-bang noise of
clashing.

Now a five-storied multi-family residence
would be built
that is messed up in gray concrete.

Where will the frequent nameless twittering
birds
and the sparrows go?
Where shall I find the spring of Seoul

where the birds twitter and the flowers bloom?

Spring, summer and autumn of Seoul in 2014
Disappeared slowly leaving the sore scream.

Winter approaches accompanying the piercing wind.
It's coming crying.

할머니와 손수레

허리가 꾸부정한 할머니가
다리를 절며
남루한 옷차림으로
리어커를 미네
힘겹게 밀고 가네

신문과 빈 BOX가
겹겹이 쌓여 있어
바퀴도 힘들어하네
숨이 차는지 삐그덕대네

일함에 남녀노소 귀천이
따로 있으련마는
그래도
내 가슴 한구석이
조금씩 아려오고 있네

비 오는 날
바람 부는 날

눈 내리는 날
리어커 미는 할머니 모습이
이따금 떠오른다면

내 마음에는
이름 모를 슬픔이 빗물이 되어
내(川)를 이루겠지.

The Old Woman and the Handcart

An old woman clad in rags
Pushes the handcart
With all her strength whose waist is
Bent with laming legs.

The newspapers and empty carton boxes
Were stacked together in the cart.
The wheels also might be tired
Made a noise out of breath.

In the job
There may be no such thing
As a high or low, gender and age
However
A part of my heart was aching
Little by little to see how she works.

On a rainy Day
A windy day
A snowy day

When the shape of the old woman
Who pushes the handcart reminds me.

In my heart
The unknown sadness will turn to the rainwater.
And will flow to make the river.

만추晩秋
– 가을이 가네

가을이 가네
저 멀리
낙엽과 함께

바람이 부네
애처러이 매달린 나뭇잎들이
낙엽 되어
슬픈 노래를 부른다.

비가 오네
길 위에 떨어진 낙엽들이
오가는 사람들의 발밑에서
눈물을 흘리고 있지.

낙엽이여!
꽃 피는 봄 여린 잎의 그 생명의 환희를
뜨거운 여름 그 젊음의 푸르름을
영그는 가을 그 아름다운 단풍을
그대
기억하리라

낙엽이여!
이제 겨울
그 매서운 추위 속에서
흰 눈은 그대를 감싸 안고 포근히 덮어 주리니
그대
대지와 한 몸이 되어
다시 새로운 생명을 얻게 되리라

낙엽이여!
서러움의 계절
참고 견디며
새봄
새신부의 수줍음으로
다시 볼 때까지
그대
이제
기다림의
긴 여행을 떠나리라.

Autumn Is Leaving

Autumn is leaving
Far away
Together with the falling leaves.

It's windy.
The leaves pitifully hanging on the trees
Fall soon to be the falling leaves
Sing sad songs.

It's raining
The falling leaves on the road
Shed the tears
Under the feet of the people who pass.

O, the falling leaves!
The joy of the life of the soft leaves
In the spring when the flowers bloom
The green youth in the hot summer
The beautiful falling leaves in the ripe autumn
I'll remember
You!

O, dear falling leaves,
You will have new vital life again
Becoming one body together with the earth
As the white snow will cover you warmly
Even in this extremely cold winter time.

My dear falling leaves,
You are making a long journey
Of endurance until you meet me again
With your newly-wed bride's shyness
In the coming spring time
After your overcoming
The season of sorrow.

우정

친구여!
"꿈은 하늘에서 잠자고
추억은 구름 따라 흐르고
친구여 모습은 어딜갔나.
그리운 친구여……"를 부를 날도 멀지 않은
우리의 여생餘生일세

친구여!
누구를 싫어하거나 미워하기에는
우리의 삶이 그리 길게 남지 않았다는
생각이 드시지 않는가?

나의 허물은 너의 허물도
친구로서 충고를 서로 삼간
우리의 부족함이라는 생각이 드네

친구의 허물이 바로 내 탓이니
인생을 역지사지易地思之로 산다면
여생은 평화로운 삶이 되지 않겠는가

우리 서로 어깨를 보듬고
남은 여생길 즐겁게 노래하며 함께 걸어가세
"아하 자네와 나는 친구야 친구"

My Dear Friend!

My dear friend!
"Dream sleeps in heaven.
Memory flows through the clouds
Where did you go my dear friend…?"
It will not be a distant future to call like this.
It's the remainder of our life.

My dear friend!
To dislike or hate anyone
Our remaining life is not so long
Don't you agree with me?

I feel that my faults and your faults
were caused by our shortcomings,
Our refraining from giving honest advice
as friends.

As your faults were also derived by me;
If we live our lives putting ourselves

in someone else's shoes, the rest of our lives will be peaceful ones.

Let's hug each other as friends
Let's walk together joyfully singing
during the rest of our lives
"Ah ha you and I are real friends, my friend".

마당에서

우리 집 조그만 마당에
대추나무와 감나무가
사이좋게 지내고 있다.

단풍철도 지난겨울 문턱에서
지난밤 비바람에
대추나무 잎이 우수수 떨어지며 마당을 덮는다.
붉은 대추들만 달랑달랑
매달려 있다.

겨울이 성큼성큼 오는지
지난번 비바람에
감나무도 단풍 든 잎을 떨궈서 마당을 덮는다.
붉은 감들만 주렁주렁
매달려 있다.

사이좋게 지내는 대추나무 감나무가
낙엽으로
조그만 마당을 덮고
낙엽은 엄마 나무를 쳐다보며
저 아직 여기 같이들있어요 라고

바람에 실려
목소리를 내고 있다.

낙엽을 모아 태우기보다
흰 눈 내려 덮힌 채로
엄마나무와 함께 겨울을 나게 해야겠다.

꽃 피는 봄
엄마나무에 여린 잎으로 나오는
어린 동생들을 볼 수 있게
그렇게
미련을 남기는 것도
좋겠지.

At the Yard

In my little yard
The jujube trees and the persimmon trees
Get along each other very well.

At the beginning of the winter
After the season of maple leaves,
The jujube leaves rustled down from the trees
Because of the rainstorm last night
And they covered the yard.
Only the red jujube fruits
Are tinkling and tinkling on the trees.

As the winter is approaching with big strides
The persimmon tree leaves turned red
Also fell down by the last rainstorm
And covered the yard leaving
Only the red persimmons hung in clusters.

The falling leaves of friendly living jujube tree
And persimmon tree covered the small yard.
The falling leaves looked at the mother trees,

And made voices with aid of the wind
'We are still here with you'

I decided to let the falling leaves stay on
the yard
Rather than collect them and burn
And let them pass the winter together with
Their mother trees covered by the white snow.

In the spring when the flowers bloom
It would be great to make the falling leaves
In the yard
See the younger siblings on their mother trees.

사랑 愛

가을 아침 햇살은
푸른 바다 파도처럼 흩어지네
황국은 즐겁게
노래 부르며,
대숲을 지나는 바람소리는
얼굴을 간지럽히며
모두를 사랑하라 하네

I Love You

The autumn morning sunshine

Spreads like the waves in the blue sea.

The yellow chrysanthemum sings joyfully.

The voice of the wind that passes

Through the bamboo forest

Tickling my face says;

"Love everyone", love everything.

3부

내 가슴 깊은 곳의 그리움

晶山 윤애근 작가의 그림과 함께 감상하는
윤만근 시인의 시 **45**편

팔순

찬바람 불어와
낙엽은 다 흩날리고
벌거벗은 나무는
홀로 눈바람을 맞는다

사랑했던 사람
그 어느 곳에서
주워 담고 있을까

청춘의 시절은
바람에 실려
기억만 남기고 사라져 갔네

팔순 즈음에 돌이켜보니
내가 나목이 되었네
흰 눈 내려
지나온 세월의 흔적 덮고
사랑의 마음만 간직하리

공(空) – 식영정(息影亭) / Space – Sikyoung bower
India ink, Color on Korean Paper / 110 X 91cm / 2000
Artist's collection

어느새

중천에 떠 있던 해가
어느새 어느새
산 넘어 사라지고
붉은 노을만
하늘에 가득하네

어젯밤 혼술 한 잔
밤새 뒤척이다
아침 햇살이
숙취의 나를 깨운다

텅빈 집안에
적막만 흐르고
인생 황혼길
이정표에 기대어
오늘은
또 무엇을 하지

공(空) – 만개(滿開) / Space – Blooming
India ink, Color on Korean Paper / 45.5 × 60cm / 2004
Artist's collection

빈 지게

인생 빈 지게인 걸

내 걸어온 길
무얼 가득 담으려고
그리 애를 썼는가

내가 주워 담은 욕망의 짐
너무나 무겁고 부질없어
가다가 쉬어가네
한숨을 쉬네

저 멀리 보이는
양지바른 산 언덕에
내 무거운 짐 내려놓고
추억 베고 길게 눕고 싶네

해는 뉘엿뉘엿 서산을 넘고
붉은 놀만 하늘에 가득 걸렸네

이젠
다 내려놓고
빈 지게 메고 가야지

인생
빈 지게인 걸
늦게 알았네

삶

가파른 등산길
모자 깊이 눌러쓴
백발의 사람

등에 진 배낭의 무게처럼
등이 휠 것 같은 삶의 무게를 지고
땅만 보고 걷는다

삶은 무엇인가?
늙음은 어떠한지?
솔바람 소리에
흘려보낸 청춘의 세월

비 오듯 쏟아지는 땀방울
인생의 슬픈 여정 담겨
회한의 눈물
흘리누나

공(空) – 환벽당(環碧堂) / Space – Hoanbeuk bower
India ink, Color on Korean Paper / 92 × 110cm / 2000
Damyang Lyric Literature Hall collection

황혼 즈음에

봄에 보리밭길
여름에 메밀 밭길
가을에 단풍길
걸어 왔네

때로는
푸른 보리밭 사잇길 걸으며
종달새 노래 맞추어
풀피리 불었지

때로는
땀 흘리며
인생 험한 고개길
넘고 또 넘었네

때로는
산 정상에서 내려오며
아쉬움 속에
회한의 눈물 홀로 흘렸네

황혼 즈음에
서산의 붉은 노을 보며
긴 한숨 쉬며
지팡이 짚고 서 있네

이파리

대설을 며칠 앞둔 새벽
차가운 바람이
나무를 때린다

앙상한 가지에
겨우 붙어 있는 이파리들
떨어지지 않으려 온 몸을 비트는데
엄마손 꼭 잡은
아기 모습 같다

흙에서 태어나
흙으로 돌아가는 것이 순리인데
아직은
삶의 끝자락 잡고
버둥대고 있는 내가
바람에 날리는
이파리 같구나

공(空) – 환희(歡喜) / Space – Great joy
India ink, Color on Korean Paper / 130 x 162cm / 2002
Gwang ju Lottemart collection

4월

4월은
메마르고 꽁꽁 언 땅에
산수유 목련 벚꽃 피어
기쁨의 노래 부르는
봄의 날이 펼쳐지네

들판에 푸른 보리가
살랑이는 바람에 춤추고
나는
보리밭 둔덕길을
지지배배 종달새 노래와 함께 걷네

꽁꽁 언 살아온 길
내 마음에도
봄은 깊은 울림이 되어
서러움은 눈 녹듯 사라지고
사랑의 노래 함께 부른다.

내 삶의 끝자락에 다가가며
돌이켜보면
아픔도 서러움도 많은 세월

그래도 희망을 갖고
달콤한 입맞춤 같은
라일락 꽃 내음 맡으며
벚꽃 화사하게 핀 길
걸어왔네.

둥지

산에 오른다.
겨울 산에 오른다.
겨울나무들이 무성하던 잎을 떨군 채
벌 서듯 팔을 벌리고 서 있다.

알몸으로 부끄럼도 없이 서 있는 나무도 있다.
그러나 찬바람을 맞고 눈을 얹고 서 있는 나무는
거룩한 성자聖者다.
겨울나무는 고독을 안다.
아무리 세찬 바람이 할퀴고 찬비가 내려도
겨울나무는 고독을 견디고 고독을 즐긴다.

세속의 모든 욕망과 거짓의 옷을 벗고
걸친 옷자락도 없는 여인처럼
착하고 향기가 나는 겨울나무 숲
그 숲속에 나의 둥지를 틀고 싶다.
내 작은 둥지를….

세월의 강물

살아오며
아프고 슬펐던 기억들
세월의 강물에 흘려보내네.

아름다웠던 사랑의 추억은
내 마음 깊은 곳에
보석처럼 간직하네.

사랑하는 마음
미워했던 감정
어느 것이 더 무거울까.

미움이 더 무거워
저 깊은 늪에
가라앉혀지고

사랑은 가볍게 남아
아름다운 그리움으로 추억이 되어
내 마음 강물에
돛단배 되어 흘러가네.

바람

봄에 부는 바람은
꽃내음 머금고
꽃향기 뿌리면서 스쳐가고

여름에 부는 바람은
산록의 여린 잎의 속삭임 들려주고

가을에 부는 바람은
국화향 속에
귀뚜라미 소리를 들려주며

겨울에 부는 바람은
흰 눈과 함께
내 모든 허물을 덮어주네

바람 바람 바람
인생길 바람과 벗하며 간다네
바람 멈추면
텅빈 공간
터벅터벅 걸어가는
내 외로운 그림자

공(空) - 동행(同行) II / Space - Going together II
India ink, Color on Korean Paper / 45 x 60cm / 2005
Artist's collection

인생

이 세상
큰 울음소리
주먹 꽉 쥐고 태어났다

험한 세상살이 길
힘차게 뛰어도 보았고
기어도 보았다
넘어져 깨지기도 했다
사랑으로 마음도 아파도 봤다

기쁨과 슬픔
성취와 좌절
이제 나
세월의 물에 흘려보낸다

손 펴고 걷는다
가슴 펴며 걷는다
이것이 인생

공(空) - 화려한 출발(出發) / Space - Splendorous departure
India ink, Color on Korean Paper / 75 x 106cm / 2000
Busan museum of modern art collection

삶의 무게

머리 허연 영감님이
등산객 차림으로
지하철 경로석에 털썩 앉는다

등에 진 배낭도 크고 꽤 무겁게 보이는데
이 아침 그 배낭을 지고 어디를 가시는가

여직 것 살아온 인생의 짐도
많이 무겁고 힘겨웠을 텐데
오늘은 또 무슨 일로 저 배낭을 지고 나오셨나?

삶 그것이 우리가 짊어질 수 없는 무게의 짐이라면
노인들은 차라리 저세상을 생각한다는데

제발 인생길 깔딱 고개 앞두고
집을 나와서 너무 큰 짐을 지고 헐떡이며 가는
오늘이 아니기를 빌어본다

지하철 속에서
노인과 삶의 무게를 생각하는 나도
나이가 이제 지긋한 사람이 아닌가 싶다.

공(空) − 인디아 / Space − India
India ink, Color on Korean Paper / 60 × 73cm / 2000
Artist's collection

학림다방

여름 무더위가
마로니에 공원 나뭇잎을 달구는
일요일 오후
대학로의 학림다방에 들려
커피 한잔을 앞에 둔다

청춘의 그 시절 가고
나는 추억 가득 머금은
익어가는 홍시가 되었네

인생은 시간여행
먼 길 돌고돌아 그 다방 그 자리
흐릿한 추억 속의 그 여학생은
지금 어디서
나처럼 추억을 나누고 있을는지

마로니에 공원
그 나무 찾아
그 말 다시 한번
"사랑해"
바람에 실려 보낸다.

추억이란 기억을 끄집어내며
식어버린 커피
나는 그리움이란 시詩를 마신다.

소쩍새

시인은
한줄기 시를 잉태하기 위하여
밤새 소쩍새의 울음을 운다.

내 살아온
거친 삶의 흔적들 발자국마다
아픔과 눈물의 길이었음을 기억하며
붓을 잡는다.

새벽녘은 다가오는데
펼친 원고지 위에는
언어의 파편들만
어지로이 널부러져 있구나.

배고픈
어린 며느리의
솥 작다는 슬픔의 이야기처럼

내 시어詩語의 작음에
밤새 소쩍새가 되어
소쩍 소쩍 울부짖고 있네.

공(空) - 휴식(休息) Ⅲ / Space - Rest Ⅲ
Color on Korean Paper / 45 × 52cm / 2005
Artist's collection

시詩의 길

시의 길은
너무나 멀고 험하다.

고희에 킬리만자로 최고봉
우후루피크(5,895M)에
한밤중 살을 에는
영하 20도의 추위와 굶주림 속에서
본능으로 올랐던 나에게
시의 길은 더 힘들고 어렵다

태풍경보 속에 번개와 천둥소리에
잠이 깨어
퍼붓는 빗줄기를 보며
시상詩想의 무거운 멍에를 지고 가는 나는
시의 길을 걷는
고독한 알피니스트 인가 보다.

공(空) – 청(靑) / Space – Blue
Color on Korean Paper / 47 × 51cm / 2004
Artist's collection

가나다라

에베레스트를 제일 가까이
볼 수 있는 칼라파타르(5,550M)에 올랐네.

매서운 2월 히말라야의 겨울철
희수(77세) 나이에
추위와 굶주림 속에서
10여 일 넘게 걷고 또 걸었네

에베레스트산 정상(8,848M)
강풍으로
얼음조각과 만년설이
눈보라 띠를 이루며
휘몰아치고 있네

팔순을 바라보며
시詩의 길을 허덕이며
걸어온 나에게
시의 정상은 보이지 않네

산의 정상에 오르지 않고
그저 보려는 것처럼

시의 정상도 그저 보고플 따름인데
구름인지 안개인지 가려
보이질 않네

불면의 밤을
얼마나 더 새하얗게 새야 보일까

펼쳐진 원고지를
눈물과 괴로움으로 가득 채웠네

시의 길은
히말라야의 겨울 길 보다
멀고도 험하네

불면의 날들
시인의 고뇌는 깊어만 가고
아직도 시의 가나다라를 모르는
나는 바보 시인이다.

저녁놀

저녁놀
호수에 비쳐
벚꽃길 따라
조용히 번져가고 있네

라일락꽃 내음 맡으며
내 삶의 길 돌이켜보니
많았던 굴곡진 인생길

내 삶의 끝자락에 서서 돌이켜보니
모진 삶의 구비마다
화사한 벚꽃길 걸어왔네.

공(空) - 비상(飛上) / Space - Fly to the sky
Color on Korean Paper / 47 x 53cm / 2002
Artist's collection

사랑은 밤비처럼

사랑은
밤비처럼 소리 없이 와서
내 가슴 뜨락에
그리움의 씨앗을 심었네

사랑은
봄바람처럼 살며시 와서
메마른 나의 가슴에
그대 그리는 마음 꽃피게 하네

사랑하는 사람아
꽃피는 봄날
뜨거운 입맞춤으로
그대를 맞이해야겠네

공(空) - 우정(友情) II / Space - Affection for friend II
Color on Korean Paper / 106 X 152cm / 2004
Artist's collection

홍매화

남녘의 바람이
홍매화 향기 뿌리며와
푸른 보리밭 걸으며
종달새 노래 들으라 하네

북녘의 바람이
먼 길 떠나지 않고
하이얀 눈을 맞으며
텅 빈 벌판을 걸으라 하네

숲속의 바람이
티 없이 맑은 마음으로
내 가슴의 뜨락에
사랑의 詩를 읊으라 하네

길

해는 서산에 걸려있고
노을은 너무 아름다워
일어서기엔
너무 아쉬움 남네

쉼 없이 달려온 삶의 길
후회와 미련은 겹겹이 쌓였고
내일은
아직 오지 않았는데
밤은 왜 이리 어둡고 긴지

새벽별 스러지고
붉은 해 떠오르면
작은 소망 하나
가슴에 품는다.

오늘 하루
종달새 노래에 귀 기울이며
푸른 보리밭 사잇길을 걸며
풀피리 불고 싶네

뿌리가 꽃에게

네 아비는 나무의 뿌리로소이다.
네 할미로부터 작은 씨앗을 받아
바람이 척박한 땅에 나를 내려놓았도다.

가냘픈 씨앗은 새의 먹이를 피해
단단한 땅을 뚫고
아래로 아래로 몸을 숨겼노라

씨앗은 뿌리가 되어
생명의 물을 찾아 발버둥 쳤었지

아담의 갈비뼈에서 이브가 나왔듯이
네 어미는 뿌리에서 줄기가 되어
하늘을 향해 두 손을 모았다.

줄기는 튼튼한 기둥이 되어
작렬하는 폭염과 북풍한설을 온몸으로 맞고 견디어
무수한 가지와 잎을 만들고
이제 너희는 꽃이 되었다.

뿌리는 하늘을 볼 수도 없고
아름다운 종달새 노래도 들을 수 없구나
꽃이 목마를까 봐
아비는 잠시도 쉴 틈이 없다.

꽃이여 나의 꽃이여
너의 아름다운 모습으로
아침 햇님에 반갑게 인사하고
산들바람에도 밝은 미소를 보내렴

아비도 깊은 땅속에서 어미는 너를 보듬으며
함께 기뻐하리라

공(空) − 군무(群舞) / Space − Dance of group
Color on Korean Paper / 63 x 103cm / 2002
Artist's collection

코로나 팬데믹 corona pandemic

미세먼지 아주나쁨 일기예보에
회색 하늘을 본다
뿌연 먼지 속에
우리는 파란 하늘을 잃어버렸네

파란 하늘
푸른 보리밭을
고향에 가면 볼 수 있을까

어릴 때 불던 풀피리 소리도 사라졌고
소등 타고 고개 넘던 일도
이젠
옛 추억 속에 묻혀버렸네

코라나 팬데믹
모두 마스크 쓰고
뿌연 공기를 마신다

내가 사는 서울
미세먼지 뒤덮인 도시

사람들은 마스크 속에
목소리를 잃어버렸다.

대낮 가로등 켜진 거리
나는 길을 잃는다.

설레임

봄은
아파트 발코니로부터 오나보다
화분의 칼랑코에 kalanchoe
핑크빛 꽃을 피운다.

내 마음에
꽃말처럼 봄을 그리는 설레임이
살풋이 자리 잡고
유리창 너머 햇님이 빙그레 웃음을 보낸다.

코로나 팬데믹
힘든 시절 보내는 사람들 마음에
일상의 삶이
시냇물처럼 흘렀으면 좋겠네

우리 사는 삶
아침 햇살 비춰
서로 손잡고 마음 열며
미소를 나누면 좋겠네

우리 마음에
칼랑코에 꽃 피어
이 봄 설레임으로
맞이하면 좋으련만

아지랑이

봄을 알리는 하늘의 빗소리
그 봄비가 땅속으로 스며들어
어느새 메마른 긴 강둑길 가에도
연두색 풀빛이 반가운 손을 내밀고

따사로운 햇살 가득한 봄날
내가 그리워하던 그 사람도
푸르른 보리밭길로 걸어와
내 가까이 한 걸음 다가서며
해맑은 얼굴로 살포시 미소 지을까

비단결 봄바람이 불어 좋은 날이여
산마다 꽃망울 상큼하게 입 벌리고
감나무 푸른 잎이 수줍게 몸을 가리니
까치도 홀로 앉아 새봄을 맞이하는구나

차가운 꽃샘추위 세차게 휘몰아쳐도
봄은 다시 돌아오는 환희의 계절
멀리 떠난 내 님도 봄이 되어 돌아오면
마당의 진달래는 봄 향기에 취하여 흔들리고
먼 산 아지랑이도 님의 사랑 품네.

공(空) - 락(樂) / Space - Delight
India ink, Color on Korean Paper / 46 x 52cm / 2005
Artist's collection

봄의 입맞춤

아름다운 님의 얼굴이
봄바람에 실려 온 시가 되어
맑은 시냇물처럼
내 마음 설레임으로 적시네

맑고 고운 님의 목소리
봄바람에 실려 온 노래가 되어
푸른 보리밭 사잇길 지나
내 마음에 그리움으로 그리네

부드러운 님의 마음이
봄바람에 실려 온 미소가 되어
봄의 입맞춤으로 다가와
내 마음에 화사한 꽃 피우네

봄 풍경

산벚꽃 핀 남한산성
응달진 얼음장 아래 졸졸 흐르는 계곡물
봄의 목소리 들려준다

겨울 매서운 추위
버티어낸 나무에서
연두색 여린 잎
봄소식 한 장 내민다

산등성이에
노란 개나리
하얀 산 벚꽃과 어우러져
봄 향기가 산을 덮는다

오메

메산山
오메!
울긋불긋 첫 단풍 들었네.

강강江
오메
산山 그림자 품에 담갔네.

하늘천天
초생달 끝자락
시어詩語가 걸렸소.

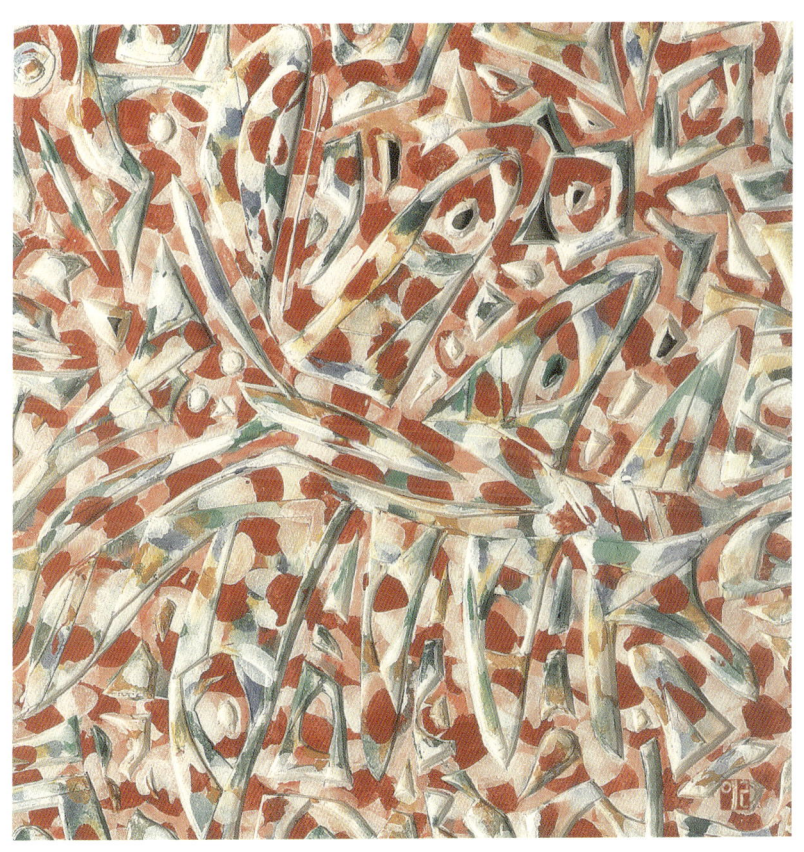

공(空) − 화려한 춤 / Space − Dance of splendor
India ink, Color on Korean Paper / 46 x 53cm / 2004
Private collection, Lee, Dae-Won

단풍잎

가을 아침 석촌호수 단풍 길
그 여름 청녹색 빛나던 나뭇잎이
울긋불긋 단풍으로 물들어가네.

가을 저녁 내 인생길
그 푸른 청춘의 빛나던 시절이
백발의 단풍으로 물들어가네.

사람도 시간의 나무에 매달린 나뭇잎
더 가지려고 가진 것 움켜쥐려고
아등바등 애쓴 매일의 삶 아니던가.

하늘에 가득 걸린 붉은 노을
일상의 삶이
행복이고 축복인 것을 이제 알았네.

길바닥 떨어진 단풍잎 하나
차마 즈려밟고 갈 수 없네.

낙엽도 나인양하여 서러워하노라.

은행나무

노란 은행잎
바람에 우수수
길을 덮는다.

가을이 멈추기엔
아직 멀고
서운하다.

은행나무는
그 여름 무성한 잎을 떨구며
매서운 겨울바람에 맞서려 한다.

나도 거짓과 탐욕의 옷을 벗고
늙음과 죽음에 맞서
은행나무를 닮고 싶네.

내 가슴 깊은 곳의 그리움

하와이 어머니 묘소
생강꽃 한 묶음
아메리카노 커피 한잔 큰절 올린다.

바다가 저 멀리 조금 보이는 이곳
강릉이 고향인 어머니는
경포대 푸른 바다를 그리워하셨지

생전 어머니 모시고 오니
내 어머니 이렇게 얘기하셨지
아들아
내 집이 생겨 좋구나

어머니 편히 쉬세요
돌아서는 내 얼굴에 눈물이 주루룩
사랑해 엄마
내 조그만 목소리 목이 메인다.

하와이 어머니의 집
늘 나를 가슴 아프게 하는
그리움의 고향

공(空) - 휴식(休息) II / Space - Rest II
India ink, Color on Korean Paper / 28 x 35cm / 2005
Artist's collection

당신

이슬비 내리는 호수 길
그리운 당신 생각에
우산도 펼치지 못하고
벤치에 앉아 비를 맞는다.

만남은 짧고
헤어짐은 길어
보고 싶은 마음이
그리움으로 겹겹이 켜를 만든다

우리 처음 만나던 날
보슬비 속에
우산 함께 쓰며
설렘을 나누었던 시간

기억은 저 멀리 사라지고
그대 얼굴 그림자 되어
내 마음 깊은 곳 자리 잡아
그리움 지울 수 없네

공(空) - 화(花) / Space - Flower
India ink, Color on Korean Paper / 46 x 55cm / 2004
Artist's collection

아내

이 세상 많은 사람 중
상냥하고 마음 따뜻한
당신을 사랑해

살림살이 어려워도
내색 한 번 짜증 한 번 없이
괜찮아요. 견딜만해요
당신을 사랑해

힘든 고비마다 얼마나 힘드냐고
참고 이겨 나가자며
용기 북돋아 주는
당신을 사랑해

당신은
나의 영원한 사랑
내가 이 생명 다하는 날까지
당신 옆에서 지켜줄 거야
당신을 사랑해

공(空) − 독도(獨島) Ⅱ / Space − Dokdo Ⅱ
India ink, Color on Korean Paper / 123 x 162cm / 2005
Artist's collection

아침에

내 나이 팔순
아침 외출 길
휴대폰 챙긴다는 것이
TV리모콘을 손에 들었네

한참을 우두커니 서 있다
내가 왜 이러지
걱정이 앞선다

아내는
맞벌이하는 막내딸
외손자 돌봐준다고
미국에 있는데

어제 전화에
온몸이 아프다고 하소연하는데
당신 나이 77세
무리하지 말라는 말밖에 할 수 없네

서로 모르던 사이
우연으로 만나서 필연이 되어

고생 속에 아이들 키우느라
돌아볼 수 없는 세월
다 보내고
이제 아픈 몸
서로 걱정하는 처지가 되었네

누가 나이 들어가는 아픈 아내
돌봐주겠나?
나라도 그나마 건강 챙겨야
늙고 아픈 아내
손잡고 설 수 있기를……

손에 쥔 TV 리모컨 슬그머니 내려놓고
영양제 한 알 입에 넣는 아침

가족(家族) II / Family II
India ink, Color on Korean Paperr / 135 x 205cm / 1990
Private collection, Oh, Se-Jae

눈물

내 나이 먹으며 눈물 흘리는 일은 없을 줄 알았다.
긴 세월 풍파 겪으며 살아온 삶
부모님 돌아가시고
내 눈물 말라버린 줄 알았네

친한 벗 하늘나라 간 날
빈소에 들려 절하고
친구와 갔던 카페에 들러
홀로 폭탄주 들이킨다

빈소에서 흘리지 못한 눈물
친구와 같이 한잔 나누던 자리
이제 홀로 와 술 한잔 드니
꿈인 양 서러워
눈물이 소리 없이 흘러내린다

벗이여 저승길 목마를 테니
가는 길 잠시 멈추고
네 얼굴 반 내 눈물 반 담긴
한잔 술 권하노니
친구여 쭉 들이키게

그래
너 가는 새벽
그래도 아쉬움이 남았는지
내 꿈에 나타나
나를 마음 아프게 하누나

친구여
멀고 험한 저승길 편히 가시게
가다가 힘들면 쉬었다 가세나

친구여
안녕히

보고 싶다 친구야

임진강변

함박눈 내리는 임진강변
차디찬 얼음장 밑에
강물은 울음을
삼키고 흐르네

북으로 나르는 기러기 떼
부모 보고픈 마음
고향 그리는 마음
날개에 달고 전해다오

부모님 살아 계신지
오늘같이 추운 날
진지는 드셨는지
찬바람 막을 옷은 입으셨는지

허리 굽은 할매가
흰 머리카락 날리며
북을 향해
머리를 조아린다

슬픈 곡조의
울음소리
찬바람 타고
억새 소리가 되었네

청산도

질펀한 서편제 가락이
푸른 보리밭 사잇길을 누빈다
5월의 슬로우시티 slow city 청산은
유봉 성화 동화가
진도 아리랑 불며 내려온 길
유채꽃 어우러진 길 따라 내려오며
완도 민요 아라리 타령
불러본다

"사람 손은 하나래도
온 가지 볼일은 다 보는디
요내 손은 둘이라 해도
우리 님을 못 잡았네
아리랑 아리랑
스리랑 스리랑
아라리가 났네"

보리밭도 흥겨워
바람에 어깨춤을 추고 있다

공(空) - 군무(群舞) II / Space - Dance of group II
India ink, Color on Korean Paper / 123 x 162cm / 2005
Artist's collection

여수 밤바다

봄은
남도에서 온다는데
춘삼월 동백꽃 피는 여수돌산공원
바람은 차네.

동백꽃은 붉게 피어
그 진한 향 내음은
바닷바람에 실려 뿌리네.

돌산대교 넘어
바다 건너편
가로등 하나둘 불 밝히고

밤하늘의 별들도
하나둘 밝게 빛나는데

여수 밤바다는
달빛을 품네.

률(律) Ⅱ / Rhythm Ⅱ
India ink, Color on Korean Paper / 73 x 100cm / 1990
Private collection, Ha, Yin-Doo

가파도

우리나라
조그만 섬으로 태어나서
영겁의 세월을 견딘
가파도

제주 오슬포항에서
여객선 10여 분
면적 2,644평
가구 수 126호
인구 227명의 작은 섬

파도가 바위에 밀려와
하이얀 포말을 만들고
갈매기는 기룩기룩
옛이야기 속삭인다

고기잡이 나간 지아비 기다리며
망부석된 지어미의
애틋한 전설담은
가파도

공(空) - 청(靑) I / Space - Blue I
India ink, Color on Korean Paper / 48 x 38cm / 1998
Artist's collection

땅끝마을

한반도 남단 해남의 땅끝 마을
봄 보리 푸른 잎이 물결치고
바다에는 전복과 미역 양식장이
물결에 넘실대는 곳
이 어찌 조국 산하의
고즈넉한 풍경 아니런가

이곳은 웅비하는 조국 대한민국의
바다 멀리 웅비할 전지기지

새아침 떠오르는 해가
바다를 길게 붉게 적시고
갈매기 끼룩끼룩
새벽을 알린다

젊은 한국
이곳에서 꿈을 품고 나가자
거친 파도를 헤치며
그대 꿈이 희망이 영그리라

그 누가 땅끝 마을이라 하였는가
세계를 향한 희망봉인 것을
어찌 조국의 꿈이
여기에 머물 것인가

바다를 지배하는 자
세계를 얻을 것이니
전함을 띄워라 항모 전단을 발진시켜라

그린란드 1
– 이비투투의 꽃

가냘픈 몸으로 세찬 비바람을 맞으며
툰드라 거친 바위틈에
홀로 피어있는
작은 흰 꽃 두 송이여

이곳은 그린란드 북극선 넘어
새들도 찾지 않는 불모의 땅
캄캄하고 매서운 추위의 밤
흰 눈이 그대를 안았네

너의 소망 하늘에 닿아
아무도 찾지 않는 미답의 땅
푸른 하늘 빙하 냇물 벗 삼아
꽃 피운 가녀린 풀꽃이여

흰 눈 내리는 날
이비투투 찾아온 길손
네 앞에 무릎 꿇고
눈 맞춤 하누나
눈물을 먹는다.

공(空) - 외출(外出) / Space - Going out
India ink, Color on Korean Paper / 91 x 73cm / 1999
Artist's collection

그린란드 2
– 크바네 피오르드

태평양 건너서
북극으로 바닷길을

바랑 걸머지고
가는 나그네

하늘엔 보름달
바다는 황금물결

바위산마다 빙하 품고
절벽엔 빙하수 폭포

억만년 지켜온 적막강산
봉우리마다 부처님 가부좌 틀었네

공(空) - 출(出) / Space - Going out
India ink, Color on Korean Paper / 24 x 34cm / 1999
Artist's collection

그린란드 3
– 에비해드 피오르 찬가

빙원에서부터 넘쳐 나온 빙하의 계곡
산 정상으로부터 바닷길 찾아 내려온 빙산
푸른 하늘 흰 구름 벗 삼아
밝은 햇살 그 흰 빛을 자랑하노니

피오르드 맑은 옥색물 위에
빙산이 자연이 빚은 조각품 되어 떠 있고
바닷새들은 산허리를 수 놓아 흐른다

저 멀리 높은 산은 흰 눈의 띠를 두르고
흰 구름 산의 정수리를 감싸
산의 위용은 더욱 빛나고
높은 산은 계곡을 만들고
내리는 눈 모아
빙하를 차곡차곡 쌓아 놓았네

그 옛날 지구의 빙하기 끝날 무렵
어마어마한 빙하가 바다로 쓸려 내려오며
산을 깎고 계곡을 만들며
아름다운 피오르드를 남겼네

산은 계곡을 내주고 빙하를 받았네
나무 없는 바위산 정상은
북풍의 세찬 바람에 맞서
흰 눈 쌓인 얼음모자 쓰고 있네

산은 허리를 감싸고 있는 구름과 벗한
세월 그 얼마였는가
바닷새 이따금 날아와
남쪽 소식 전해 주었지

그린란드 4
– 노을

망망대해 북극 바다
그 쪽빛 하늘
장밋빛으로 붉게 타오르는 노을
그 아름다움에서 찾네

붉었던 저녁노을
회색빛 짙어지며
외로움과 벗한다

노을은
슬픔을 잉태하고
마음 깊이 침전되어 있는
눈물을 삼킨다

공(空) – 고엽(枯葉) / Space – Dead leaf
India ink, Color on Korean Paper / 32 x 42cm / 1999
Artist's collection

킬리만자로

원시의 태양은
만년설 위에 이글거리고
사자의 포효하는 소리
사바나 광야를 뒤덮는다.

아프리카여!
원초의 순박함이여
인류 삶의 원천이여

지난 한 시절
순박한 원주민의 영혼이
인간 사냥꾼에 잡혀
쇠사슬에 묶인 채로
사랑하는 가족을 잃고
노예선에서 죽어간
너의 절규와 원한이
만년설로 쌓이고 쌓였구나

킬리만자로 그 정상
우후루피크(5.895M)에 서서

너의 뜨거웠던
눈물을 먹는다.

오! 아프리카여
아! 킬리만자로여.

에베레스트 가는 길

에베레스트
세계에서 가장 높은 산

2월 한겨울
살을 에는 칼바람 속에
하늘과 맞닿은
산을 본다.

산의 정수리
칼바람에
얼음 조각이 제트기류처럼
띠를 이루며 휘날린다.

산은 묵묵히
온몸으로 바람을 맞고 있다.
희수를 넘긴 내가
팔순을 앞두고 산을 벗한다.

에베레스트 가는 그 험한 길
혹한과 휘몰아치는 바람 속에서

돌부리에 넘어지며
얼음에 미끄러진다.

십여 일 넘게 걸어온 길
바로 내 인생의 길
후회와 잘못으로 점철된 길
기쁨과 보람으로 성취의 길

과거는 추억으로 남고
추억은
저 산 위에 날리는 얼음조각처럼
망각의 바다로 흩어지고 있네.

에베레스트 베이스캠프
지치고 힘들지만
나는 가리라
가보지 못한 팔순의 삶을

에베레스트 말한다.
그대

지나온 길 돌아보지 말고
묵묵히 계속 걸으라

너의 희망 너의 꿈
이제는 접고
숨이 멈출 때까지
걷고 또 걸으라

걷다 보면
길가에서 네가 평생에 찾는
깨달음의 산을
만나게 되리.

동심(童心) / Innocence of childhood
India ink, Color on Korean Paper / 162 x 132cm / 1978
Artist's collection

4부

尹愛根

윤만근 시인의 누님
故 윤애근 교수를 그리워하며

가름하는 글

작년 여름 프랑스 세느 강변의 '씨떼 아뜨리에'에서 개인전 준비를 하고 있었을 때였다. 7월인데도 계속 바람이 불고 추워서 사람들이 오리털 코트와 가죽점퍼를 입고 다녔다. 한국을 생각하고 달랑 여름옷 몇 벌만 가지고 파리로 온 나는 언어도 안 통하고 길도 몰라 티셔츠를 3개씩 껴입고 아뜨리에와 판화실만 왕래하며 우울하게 작업하고 있었다.

저녁이면 서러워져서 한적한 계단에 앉아 '오빠 생각', '뜸북이' 등 고향을 그리며 하모니카를 불었는데 낡고 거무스름한 시멘트 옹벽에 붙어 지은 씨떼의 새 건물이 이상하게 눈에 들어왔다. 허물어져 가는 옹벽 이 문화재는 아닐 테고, 무슨 사연이 있을까?

계단 옆 틈바구니에서는 어렵사리 까마중 나무 한 그루가 자라고 있었다. 어느덧 6월이 되었고 작업량도 많아져서 발표회 준비가 마무리될 무렵, 그 옹벽의 담쟁이넝쿨이 온통 빨강색으로 물들어서, 세계 각국에서 온 화가들의 생기 없는 아뜨리에를 환하게 하고 정취 있는 활력을 불어넣어 주었다. 옛것과 새것이 잘 어우러져서 운치가 있었고 정말 예뻤다.

광화문도 부수고, 숭례문은 불타고….

걸핏하면 오래된 물건은 버리고, 오래된 건물은 부수는 한국. 우리들의 옛것에 대한 이해의 부족이 오늘날 우리 화단에도 만연되어있는 것은 아닌지!

이당, 소정 선생님이 잘 가시던 종로의 '태을다방', 인사동의 '사르비아 다방', 가난한 예술가들이 몰려드는 명동의 술집 '은성', '창고극장' 누렇게 퇴색해버린….

1960년대의 순수시대여! 학교는 다르더라도 선의의 경쟁을 하며 서로 존중해 주던 선·후배들. 색을 덧칠해 가며 쌓아 올려져서 완성되는 작품 같은 세월과 꿈, 결과들이 존경받는, 아니 존중되는 세상을 꿈꾸는 것은 욕심일까?

금전과 인기만을 좇는 작가보다는 좋은 작가를 발굴해 내어 훼손되어 가는 옛 건물처럼 훼손되는 자존심이 되지 않도록 운영해 주기를 에이원 갤러리 측에 바란다.

2008년 5월
전남대학교 예술대학 명예교수 윤애근

留樂室

윤애근

무등산 자락 나의 畵室 뜰에 조그만 연못이 있다.
수줍게 피어오른 하이얀 수련과 곱게 자란 烏竹이
서로 어우러져 하나의 정겨움을 자아낸다.

풀꽃이 피고 짐에 봄은 시작되고
풀벌레 노랫소리에 한여름 밤은 깊어지며
황국의 물결 속에 가을은 여물어간다.

가을걷이 끝난 들녘에 찬바람이 머물고
내 마음엔 외로움의 눈이 쌓여만 간다.
詩를 친구 삼아 하루하루를 보내지만,
사랑하는 가족을 만날 주말이 기다려진다.

白話

윤애근

화판!
그 앞에 앉기만 해도
마냥 행복했건만,
백색공간이 주는 荷重에
하염없이 바라보기만 한다.

정성 들여 채색한 화폭을
하아얀 胡粉으로 박박 문지르며
안도의 한숨을 내쉬니,
그것도 잠시일 뿐
두려움이 또다시 찾아온다.

生의 전부였던 그림이
이제는 두려움이라니
그리는 그 자체가 싫지만,
그래도 다른 방식의 사는 법을 모르는
나는 그럴 수밖에 있으랴!

愚問乾笑答

윤애근

自然科學하는 교수가 나만 보면 묻는다.
"그림은 그려 뭐하오?"
마땅한 대답이 떠오르지 않아 마른 미소만 짓는다.
낮에 교수생활로 돈을 모아
밤엔 그림 그린다며 몽땅 써버리니….

방학만 되면 奧地로 스케치 여행을 떠나는 나에게
老 교수님이 혀를 끌끌 차시며 말한다.
"바가지와 女子는 밖으로 돌리면 깨어지는 법이거늘,
윤 교수 남편이 보고 싶군."
젊을 적엔 청춘이란 이름의 아름다운 이해가 있었겠지만,
지금엔 어떤 색깔의 이해가 있을까요.

그래도
내 혼신의 땀방울이 맺힌 작품만은 먼 훗날
외롭게 팽개쳐지진 않겠지 하는 희망이
나를 지금 서 있게 한다.

時間之流

윤애근

세월의 흐름 가운데서
광명 저편의 편견은
가슴속에 고스란히
꽁꽁 매듭지어진 기억으로 남는다.

가만히 앉아 기도를 드려도
온종일 그림을 그려도
묽어지지 않는 응어리는
시간의 울타리에 갇혀 울고 있다.

생의 열락 : 윤애근의 작품세계

오광수 / 미술평론가

방법이 이념을 대변한다고 했을 때, 윤애근의 방법은 그의 조형이념을 가장 구체적으로 구현해 놓은 것이라 할 수 있다. 그 역시 동양화의 일반적 방법인 수묵 채색으로부터 출발하였다. 구체적인 모티프의 세계에서 비정형의 추상의 세계로 접어들면서 그는 내용에 앞서 방법에 대한 그 독자의 길을 모색하였다. 동양화가 지닌 오랜 인습의 굴레에서 벗어나기 위해선 내용에 앞서 형식적 변혁이 중요하다는 사실을 자각한 것이다. 그의 근래의 작품인 반입체적 구성의 패턴은 형식의 변혁에서 비롯된 그 독자의 방법적 완성이라고 할 수 있을 듯하다.

그가 근래에 집중적으로 시도해 보이고 있는 것이 '空' 시리즈다. '空'이란 물론 추상적 개념이긴 하나 그에 따른 유추는 풍부하다. 비어 있는 공간일 수도 있고, 자신의 내밀한 내면세계일 수도 있으며, 초월적인 의미의 우주 공간일 수도 있다. 여기에다 갖가지 인간적 감정을 덧붙이기도 하는데 '쏟-善', '쏟-律', '쏟-友情' 같은 것이 여기에 해당된다. 그런가 하면 자연적 현상을 직시하기도 하는데 '쏟-雲鶴', '쏟-더듬이', '쏟-出' 등이 그것이다. 부여된 색채를 그대로 갖다 붙이기도 한다. '쏟-靑', '쏟-玄', '쏟-黃' 등이다. 구체적이니 자연의 이미지와 추상적 정감이 어우러져 짙은 여운을 자아낸다.

그의 작품의 원천은 자연이다. 구체적인 자연 현상에서 출발하지만 자연을 통한 인간 감정의 소회가 직접적인 모티프로 승화한다. 예컨대 나비, 잠자리 같은 곤충의 이미지가 변형되어 설명적인 요소가 걸러지고 순수한 도형, 구성의 즐거움이 심화된 양상으로 화면을 덮는다. 이 같은 구성의 즐거움이 관자에게도 강하게 전염되어 오는 것이 그의 작품의 매력이다.

그의 작업은 동양화의 일반적 분류 개념에선 벗어나 있다. 동양화니 한국화니 또는 서양화니 하는 분류개념 어디에도 적절치 않다. 그냥 회화라고 명명하는 것이 적절할 것 같다. 그러면서도 그의 작업의 원천이 전통에 깊이 뿌리 두고 있다는 점에서는 한국화의 발전적 문맥에 놓여 있다는 사실을 간

과할 수 없을 것 같다. 그가 사용하고 있는 장지와 이에 동원되는 색채가 한국화의 매재란 점에서 특히 그렇다.

그의 방법은 우선 장지를 여러 겹 발라 올리는 데서 출발한다. 열 장이고 스무 장이고 발라 올려 두께를 만든다. 이 같은 바탕 만들기가 그의 방법의 일차적 완성에 해당된다. 회화가 지닌 숙명적인 평면성을 벗어나 입체적인 공간 구성에로 나아갈 단계가 이루어지기 때문이다. 닫힌 평면성에서 열린 공간에로 진입하면서 자유로운 구성 작업의 장이 펼쳐지게 된다. 장지 위에 갖가지 이미지의 밑그림이 시도되고 이어 예리한 칼로 부분적으로 뜯어낸다. 그러니까 작업은 붙이기와 뜯어내기란 반복의 행위를 통해 이루어지는 셈이다. 콜라주(Collage)와 데콜라주(Decollage)의 반복이란 독특한 진행 방식을 통해 작품은 완성되어진다. 여러 겹 발라진 장지는 때로 여러 겹이 뜯겨지기도 하고 몇 겹만 뜯겨지기도 하는 등 변화 있는 진행을 통해 깊이의 단층을 만들어간다.

때로는 부분적으로 안까지 뜯겨나는 경우도 있다. 이처럼 채우고 비우는 과정이야말로 그의 작업의 요체라 할 수 있다. 부분적으로 뜯어내는 과정에서 계획과 우연이 겹친다. 계획적으로 어떤 형태를 설정해 나가는가 하면 뜯어내는 과정에서 우연히 어떤 형태가 상정되기도 한다. 그런 만큼 떠오르는 형태는 풍부한 상상력을 동반하게 된다. 이렇게 이루어진 작품은 일종의 릴리프에 해당된다. 종이에 의한 릴리프인 셈이다. 그러나 단순한 부조라기보다 내부에서 밖으로 진행되는 단층의 구조가 만들어내는 미묘한 구조의 탄력이 풍부한 내용을 진작시킨다. 여기에 부분적으로 가해지는 설채는 은은하면서도 깊은 여운을 자아낸다. 화면엔 파닥이며 솟아오르는 생명의 비상이 있는가 하면 한없이 고즈넉한 휴식의 한가로움이 있다. 날카로운 촉수와 눈망울이 만드는 긴장감과 엷은 나래의 잦아드는 가벼움이 어우러진다. 만개한 꽃밭에 날아드는 온갖 나비와 벌 떼의 윙윙거림과 화한 햇살이 자아내는 생의 열락이 거대한 자연의 교향곡을 연주한다.

그의 방법엔 날카로움과 부드러움이 겹친다. 예리한 칼자국이 만드는 긴장 있는 형태와 장지 속으로 스며드는 색채의 은은한 포화감이 화면의 조화와 안정감을 고양시킨다. 단호함과 여유로움이 자아내는 대비적 요소가 하나의 격조로서 화면을 잠식해 준다. 그의 화면을 대하고 있으면 옛 한국여인들의 생활공간인 규방의 단아하면서도 푸근한 정서를 엿보는 느낌이다. 군더더기 없는 정갈한 생활공간이 보여주는 정취가 현대적 방법을 통해 다시 태어나고 있는 느낌이다. 전통의 무거운 형식적 굴레에서 벗어난 그의 실험의 도정이 종내는 우리 고유한 정서의 내면화에 도달되었다는 사실에 놀라움과 반가움이 겹친다.

故 윤애근 교수님
추모 1주기를 맞이하면서

허 진 / 전남대학교 예술대학 미술학과 한국화 전공 주임교수

故 정산 윤애근 교수 추모 1주년 기념전
/ 스승을 그리워하는 畫談展 /
전시기간 : 2011. 7. 12(화)~7. 31(일)
국립광주박물관

이번 전시는 1년 전 돌아가신 윤애근 교수님을 추모하고, 그의 작품세계를 되새기기 위해 교수님께 사사했던 전남대학교 미술대학 한국학과 졸업생들의 뜻을 모아 마련된 전시입니다.

스승님에 대한 사랑이 담긴 뜻깊은 전시를 마련하려고 고생하신 제자들의 아름다운 노고에 대해 깊은 경의를 보내드립니다.

그리고 이 귀한 공간을 마련해 주신 국립광주박물관 관장님을 비롯한 박물관 관계자 여러분들게 감사의 말씀을 드립니다.

人命在天 즉, 사람의 명운은 하늘에 달렸다고 합니

다. 하지만 윤애근 교수님께서 그렇듯 예기치 못한 사고로 돌아가시리라고는 상상조차 할 수 없었습니다.

건강한 모습으로 전남대학교 미술대학의 미래와 작업에 대한 고민을 말씀하시던 것이 어제 일 같은데 그렇게 허망하게 떠나실지 어찌 알았겠습니까?

더 오랫동안 우리 곁에 계시면서 광주·전남 미술 발전에 커다란 버팀목이 되셨으면 했는데 그렇지 못하게 되어 안타깝습니다.

윤 교수님께서는 전남대학교 사범대학 미술교육과 및 예술대학 미술학과 개설 초창기 멤버로 교육에 대한 남다른 열성과 의지를 가지고 척박했던 대학미술의 풍토를 기름지게 하셨습니다.

그리하여 대학에 재직하신 30년 동안 광주 화단의 중추적 역할을 할 수많은 제자를 양성하시면서 광주·전남 미술 발전에 큰 기여를 하셨습니다. 또한 젊은이 못지않은 활발한 창작활동으로 좋은 귀감이 되셨습니다.

이제 하늘나라에서 마음껏 그림도 그리시고 현세에서 못다 한 일도 하시며 행복하게 보내시기를 바랍니다.

부디 편안히 영면하시기를….

정산 윤애근 교수를 추모하며

윤만근

봄, 여름, 가을 그리고 겨울.
봄이 생명이 움트는 계절이라면 겨울은 그 생명을 흰 눈으로 덮는 계절이리라.
한 인간의 삶.
그 거칠고 힘들었고 슬픔과 아픔의 순간들 또한 보람과 기쁨의 순간들이 이제 마침표를 찍으면서 얼굴에서 발끝까지 흰 천으로 덮여질 때 나는 그 겨울의 흰 눈이 온 대지를 하얗게 덮는 느낌을 갖는다.

사람을…, 존경했던 사람을….
의지하고 서로 버팀목이 되었던 사람을 떠나 보내며 삶이란 무엇인지? 영안실의 그 마지막 대면 순간에 깊은 슬픔과 눈물 속에서 마음속으로 되뇌어 보지만 보이는 것은 느끼는 것은 바로 텅 빈 공간 허공뿐이었다.

그것은 무상(無常)의 깨달음이기도 했다. 그 허공에서 부처의 게송이 들린다.

영원하다는 것 모두 다 사라지고
높다는 것은 반드시 낮아지며
모인 것은 뿔뿔이 흩어지고
한 번 태어난 것은 반드시 죽느니라.

– 법구비유경

2010년 7월 더운 그 여름날 불의의 사고로 인하여 정산 윤애근 교수는 이승의 그 무거운 짐을 훌훌 벗어버리고 자신이 준비해 놓았던 수의를 입고 그의 고향 경기도 평택의 선산을 마다하고 자신이 사랑했던 광주를 떠날 수 없었는지 미리 준비해 놓았던 광주 천주교 묘원에 육신을 내려놓고 머나먼 길을 훌쩍 떠나버렸다.

그로부터 1년, 세월은 유수와 같다지만 365일을 조용히 채우면서 흘러가고 있었는데….
고인이 몸담고 지도하였던 전남대학교 예술대학 제자들이 정성을 다해 국립광주박물관에서 스승과 자신들의 작품을 모아 '스승을 그리워하는 畵談展'을

7월 12일부터 7월 말일까지 일정으로 '故 정산 윤애근 교수 추모 1주년 기념전'으로 열었다.

유족의 한 사람으로 초대받아 참석한 자리에서 전남대학교 허진 교수의 인사말 중 "젊은이 못지않은 활발한 창작 활동으로 좋은 귀감이 되셨습니다."라는 말이 가슴을 저리게 하는데 한 인간이 이 세상에 남기는 것은 진정 무엇일까?

깊은 상념에 젖는다. 법정 스님의 가르침처럼 삶은 소유가 아니라 순간순간의 '있음'이다. 영원한 것은 없다. 모두가 한때일 뿐. 그 한때를 최선을 다해 최대한으로 살 수 있어야 한다. 삶은 놀라운 신비요 아름다움이다. 그 순간순간이 아름다운 마무리이자 새로운 시작이어야 한다.

윤 교수는 생의 대부분을 자신의 예술 세계에 깊이 침전하며 자기만의 예술을 창작하기 위하여 매 순간 최선을 다하며 불꽃처럼 살다 갔다.

윤 교수는 2002년 12월 인사갤러리의 초대전 팸플릿에 '그래도 내 혼신의 땀방울이 맺힌 작품만은 먼 훗날 외롭게 팽개쳐지진 않겠지 하는 희망이 나를 지금 서 있게 한다'라고 적었다.

그의 인생과 예술을 옆에서 지켜보았던 사람들 중 한 사람으로 뜨거운 열정과 사명감을 갖고 고인의 뜻을 새기겠노라 다짐하면서 그의 분신인 유작들이 반 고흐의 작품 『아를의 별이 빛나는 밤』처럼 빛나는 불꽃으로 이 세상을 밝히는 날이 있으리라 믿는다.

국제PEN한국본부
창립70주년기념 시인선 14

Poiesis 포이에시스

저자 **윤만근**

기획·제작 **국제PEN한국본부** pen | 이사장 김용재
International PEN-Korea Center

발행일 2024년 2월 8일
발행처 기획출판오름 Orum Edition
발행인 김태웅
등록번호 동구 제 364-1999-000006호
등록일자 1999년 2월 25일
주소 대전광역시 동구 대전로 815번길 125
전화 042-637-1486
팩스 042-637-1288
e-mail orumplus@hanmail.net

ISBN _ 979-11-89486-95-2

값 15,000원

· 본 책 내용의 전부 또는 일부를 재사용하려면 반드시 저자의 동의를 얻어야 합니다.
· 지은이와의 협의에 의해 인지는 생략합니다.